AF502224

1873 ~~1875~~ (Avril 28) Total de la Vente 400.000f.

Vente P.-L. EVERARD et Cie, de Londres

POUR CAUSE DE DISSOLUTION DE SOCIÉTÉ

TABLEAUX

MODERNES

DE PREMIER ORDRE

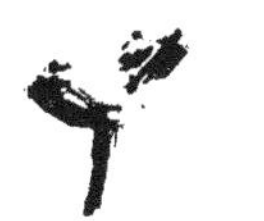

VENTE

HOTEL DROUOT, SALLE N° 8

Le Lundi 28 Avril 1873

A DEUX HEURES

Me ESCRIBE	**M. HARO**
COMMISSAIRE-PRISEUR	PEINTRE-EXPERT
6, rue de Hanovre, 6	14, rue Visconti et rue Bonaparte, 20

1873

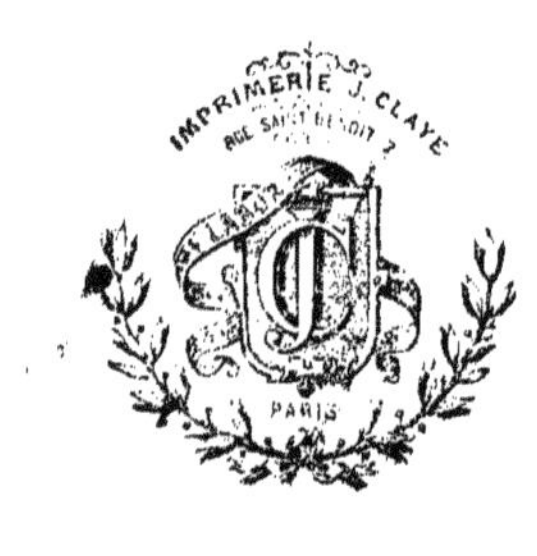
IMPRIMERIE J. CLAYE
PARIS

* *

La veille, la galerie Everard, de Londres, avait été vendue un peu mollement aussi. Le plus haut prix a été atteint par un superbe tableau de Troyon : 26,000 francs. Mais un beau Gérôme a été vendu 13,000 francs ; un Diaz, 8,000 fr., etc.

Il est vrai qu'une simple aquarelle de Meissonier, — magnifique, il est vrai, — a été payée 8,850 fr. !

Le total de la vente a été de 400,000 fr. environ.

TABLEAUX MODERNES

PROVENANT DES COLLECTIONS

DE

MM. EVERARD ET CIE

DE LONDRES

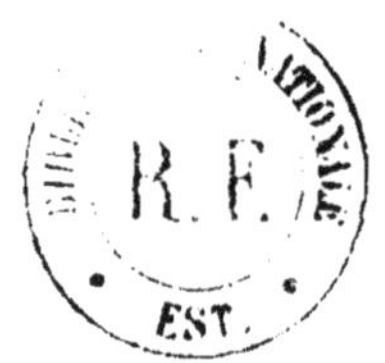

CATALOGUE

DES

TABLEAUX

MODERNES

PROVENANT DES COLLECTIONS DE

MM. P.-L. EVERARD ET Cie, DE LONDRES

DONT LA VENTE AURA LIEU

POUR CAUSE DE DISSOLUTION DE SOCIÉTÉ

HOTEL DROUOT, SALLE No 8

Le Lundi 28 Avril 1873

A DEUX HEURES

EXPOSITIONS

PARTICULIÈRE	PUBLIQUE
Le Samedi 26 Avril 1873	Le Dimanche 27 Avril 1873

Me ESCRIBE	**M. HARO, peintre-expert**
COMMISSAIRE-PRISEUR	CHEVALIER DE LA LÉGION D'HONNEUR
6, rue de Hanovre, 6	14, rue Visconti, et rue Bonaparte, 20

1873

CE CATALOGUE SE DISTRIBUE

A PARIS, CHEZ

Me ESCRIBE	M. HARO
COMMISSAIRE-PRISEUR	PEINTRE-EXPERT
6, rue de Hanovre, 6	14, rue Visconti, et rue Bonaparte, 20

CONDITIONS DE LA VENTE

Elle se fera au comptant.

Les acquéreurs payeront *cinq pour cent* en sus des adjudications.

Nous mettons en vente aux enchères publiques, pour cause de dissolution de société, les collections de tableaux de la maison P.-L. Everard et Cie, de Londres.

Tous ceux qui ont eu affaire à M. Everard connaissent sa droiture et sa loyauté.

Nous avons cru pouvoir nous dispenser d'une notice en présentant au public ces tableaux choisis avec un goût exceptionnel.

HARO.

TABLEAUX

DÉSIGNATION

BAKALOWICZ

1. — Le Petit Méphistophélès.

Panneau.

Signé à droite.

Haut. 1m, Larg. 0m,70.

BAKALOWICZ

2. — Le Dimanche des Rameaux.

Signé à gauche.

H. 1^{m}. L. 0^{m},72.

BERTRAND (JAMES)

3. — La Mort de Virginie.

Signé à gauche.

T. H. 0^{m},86. L. 1^{m},85.

BERTRAND (James)

4. — Marguerite essayant les bijoux de Faust.

Signé à droite, daté 1872.

T. — H. 0^m,60. L. 0^m,30.

BLOCK (Eug. de)

5. — La Jeune Mère.

Panneau.

Signé à droite.

H. $0^{m},52$. L. $0^{m},40$.

BOLDINI

6. — Le Bain turc.

Panneau.

Signé à gauche.

H. 0^{m},25. L. 0^{m},35.

BOUDIN

7. — Bords de la Meuse (Hollande).

Signé à gauche, daté 1872.

T. — H. 0m,54. L. 0m,89.

BRION (Gustave)

8. — Après le Gullertanz (danse du coq). Concours dont le prix est un coq; souvenir d'une fête en Alsace.

T. — H. 1m,12. L. 1m,60.

BURGER (A.)

9. — Intérieur d'un Forgeron.

Signé à droite et daté 1872.

T. — H. 0m,71. L. 0m,60.

CASTAN (Edmond)

10. — Le Sommeil interrompu.

Signé à gauche.

H. 0m,16. L. 0m,21.

CASTIGLIONE (J.)

11. — Terrasse de Haddon Hall (Angleterre).

Signé à gauche.

H. $0^m,36$. L. $0^m,54$.

COROT

12. — Paysage boisé ; effet de printemps.

Signé à droite.

T. — H. 0^m, 73. L. 0^m,54.

COROT

13. — L'Aube.

Signé à gauche.

T — H. 0^{m},52. L. 0^{m},81.

COURBET (Gustave)

14. — Un Coin de l'immensité.

Signé à droite.

T. — H. 1^m,05. L. 1^m,25.

COURBET (G.)

15. — La Trombe.

Signé à gauche et daté 1867.

T. — H. $0^{m},65$. L. $0^{m},81$.

COURBET (Gustave)

16. — Grands Lévriers au bord de la mer.

Signé à gauche et daté.

T. — H. 0^m,89. L. 1^m,15.

DAUBIGNY (C.)

17. — Les Bûcherons; paysage.

Signé à droite C. Daubigny.

T. — H. $0^m,80$. L. $1^m,15$.

DECAMPS.

18. — La Flagellation du Christ.

Vente Decamps.

T. — H. 1m,17. L. 1m,56.

DIAZ

19. — Les Orientales.

Signé à gauche, daté 1870.

T. — H. $0^m,74$. L. $0^m,61$.

DIAZ

20. — L'Orage ; les grès de Fontainebleau.

Signé à gauche, daté 1870.

T. — H. $0^{m},84$. L. $1^{m},03$

DIAZ

21. — Clairière dans la forêt de Fontainebleau.

Panneau.

Signé à droite, daté 1872.

T. — H. $0^m,60$. L. $0^m,48$.

DIAZ

22. — Enfants turcs pêchant à la ligne.

Signé à gauche, daté 1854.

T. — H. 0^m,50. L. 0^m,65.

DIAZ (N.)

23. — Enfants jouant avec des chiens.

Signé à droite, daté 1859.

T. — H. 0m,27. L. 0m,35.

DIAZ

24. — La Mare aux Biches; solitude de Fontainebleau.

Signé à gauche.

T. — H. 0m,41. L. 0m,60.

DIAZ

25. — Paysage ; temps orageux.

Signé à droite et daté 1872.

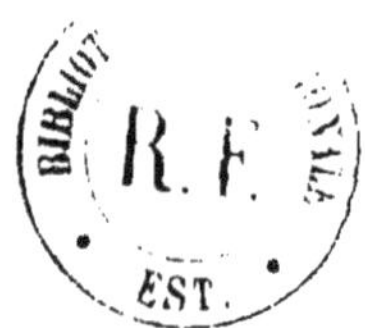

H. 0m,48. L. 0m,59,

DIAZ (N.)

26. — **Souvenirs de Fontainebleau.**

Signé à gauche, daté 1867.

H. 0^m,40. L. 0^m,60.

DUPRÉ (Jules)

27. — L'Étang.

Signé à droite.

T. — H. $0^m,54$. L. $0^m,73$.

DUPRÉ (Jules)

28. — Environs de l'Isle-Adam ; paysage.

Signé à gauche.

T. — H. 0^{m},65. L. 0^{m},54.

DUPRÉ (Jules)

29. — **Marine; bateaux pêcheurs; effet de matin.**

Signé à droite.

T. — H. 0^{m},31. L. 0^{m},51.

DUPRÉ (JULES)

30. — Marine, pleine mer.

Signé à droite.

T. — H. $0^m,31$. L. $0^m,51$.

DUPRÉ (Jules)

31. — Bords de l'Oise; paysage; animaux; soleil couchant.

Signé à droite.

T. — H. 0^m,28. L. 0^m,36.

ESCOSURA (Léon y)

32. — La Réception du vendredi.

H. 0^{m},75. L. 1^{m},02.

FAUVELET

33. — Le Fumeur.

Panneau.

Signé à gauche, daté 1865.

H. 0m,22. L. 0m,17.

FEYEN (Eugène)

34. — Les Pêcheuses de crevettes.

Signé à gauche.

T. — H. 0^m,54. L. 0^m,78.

FROMENTIN (Eug.)

35. — **Halte en Afrique.**

Signé à droite.

H. 0^m,31. L. 0^m,45.

GÉROME

36. — L'Arrivée à la Mecque.

Panneau.

Signé à droite.

H. 0^m,39. L. 0^m,56.

GUIGNET (Adrien)

37. — Intérieur de forêt.

Panneau.

T. — H. $0^m,29$. L. $0^m,19$.

GUIGNET (Adrien)

38. — Les Philosophes.

Signé à gauche.

H. 0^{m} 29. L. 0^{m},47.

GUILLEMIN

200. 39. — Le Déjeuner.

Panneau.

Signé à droite.

H. 0^{m},33. L. 0^{m},24.

GUES

40. — Fleurs.

Panneau.

Signé à gauche.

H. 0^m,46. L. 0^m,34.

ISABEY

41. — L'Escalier du parc.

Signé à gauche, daté 1852.

H. $0^m,45$. L. $0^m,32$.

JACQUE (Ch.)

42. — L'Approche de l'orage ; la rentrée au bercail.

Signé à gauche.

T. — H. 0^m,69. L. 1^m.

JACQUE

43. — Le Pacage ; moutons à la lisière d'un bois.

Panneau.

Signé à gauche.

H. 0^m,49. L. 1^m,17.

JACQUE

44. — Paysage ; lisière d'un bois ; moutons.

Signé Ch. Jacque.

H. 0^{m},80., L. 0^{m},63.

JACQUE

45. — Paysage avec moutons.

Signé à gauche, daté 1871.

H. 0^{m},44. L. 0^{m},69.

JONGHE (Gustave de)

46. — La Toilette.

Panneau.

Signé à droite.

H. 0m,60. L. 0m,48.

JONGKIND

47. — Marine ; eaux intérieures de la Hollande.

Signé à gauche, daté 1873.

T. — H. 0^m,34. L. 0^m,46.

KOLLER (G.)

48. — **Marguerite et Marthe; la séduction.**

Panneau.

Signé à gauche, daté 1871.

H. 0^m,63. L. 0^m,50.

LECADRE (Alph.)

49. — Le Réveil.

Ce tableau a obtenu une médaille au Salon de 1870 et le prix donné à Manchester pour le meilleur morceau de peinture.

Signé à gauche, daté 1870.

T. — H. 0m,96. L. 1m,93.

LEPOITEVIN (Eug.)

50. — Le repos des pêcheurs ; plage d'Étretat.

Signé à gauche, daté 1854.

T. — H. 0^m,46. L. 0^m,65.

NITTY (DE)

51. — Le Maure.

Signé à gauche, daté 1870.

H. $0^m,19$. L. $0^m,15$.

PLASSAN

52. — L'Accouchée.

Panneau.

Signé à droite.

H. $0^m,11$. L. $0^m,17\ 1/2$.

RICHET (Léon)

53. — Le Soir; paysage.

Panneau.

Signé à gauche, daté 1872.

H. 0m,70. L. 0m,92.

RICHET (Léon)

54. — Le Matin ; paysage.

Panneau.

Signé à gauche, daté 1872.

H. 0m,70. L. 0m,92.

RICHTER (Édouard)

55. — **Intérieur de l'Église de Sainte-Gudule, de Bruxelles.**

Signé à droite et daté 1871.

T. — H. $1^{m},49$. L. 1^{m}.

ROBERT (A.)

56. — La Leçon de chant au couvent.

Panneau.

Signé à gauche et daté 1871.

H. $0^m,34$. L. $0^m,26$.

ROUSSEAU (Th.)

57. — Le Pont de Poissy.

Panneau.

Signé à droite.

H. $0^m,25$. L. $0^m,32$.

ROUSSEAU (TH.)

58. — Pâturage ; prairie de Normandie.

Panneau.

Signé à gauche.

H. 0^m,44. L. 0^m,63.

ROUSSEAU (Th.)

Jou. 59. — La Tombée de la nuit.

Panneau.

Signé à droite.

H. 0m,31. L. 0m,49.

ROUSSEAU (TH.)

60. — Soleil couchant ; après la pluie.

Signé à gauche.

T. — H. 0m,42. L. 0m,63.

ROUSSEAU (Th.)

61. — Les Falaises d'Yport.

Signé à droite.

T. — H. 0,30. L. 0^{m},43.

ROUSSEAU (Th.)

62. — La fin du Jour.

Signé à gauche du monogramme Th. R.

T. — H. 0m,17. L. 0m,36.

ROYBET

63. — L'Odalisque au perroquet ; intérieur de harem.

Signé à gauche.

T. — H. $0^m,32$. L. $0^m,41$.

SPIRIDON

64. — Le Déjeuner interrompu par un Visiteur importun.

Panneau.

Signé à gauche, daté Roma 1872.

H. 0^{m},[illegible]. L. 0^{m},64.

TROYON (C.)

65. — Un dernier Jour d'été (Normandie).

T. — H. 2m,60. L. 2m,10.

TROYON

66. — Les Chevaux à la herse.

Vente Troyon.

T. — H. 0m,60. L. 0m,78.

TROYON (C.)

67. — Le Taureau au repos.

Vente Troyon.

'. — H. 0^{m},46. L. 0^{m},56.

TROYON

68. — Le Retour du marché.

Vente Troyon.

H. $0^{m},61$. L. $0^{m},53$.

VOLLON (A.)

69. — Un Coin de l'atelier de l'Auteur

Salon de 1870, n° 2,920.

Signé à droite.

H. 1m,62. L. 1m,28.

ZIEM

70. — Place Saint-Marc, à Venise, pendant l'inondation.

Signé à gauche.

T. — H. 0^m,82. L. 0^m,68.

VERLAT

71. — Le Lancer du chevreuil ; épisode de chasse.

Signé à gauche.

T. — H. $0^m,75$. L. $1^m,07$.

ZIEM

72. — Vue du quai du Port de Marseille.

Signé à gauche.

T. — H. $0^{m},83$. L. $1^{m},12$.

AQUARELLES

MEISSONIER

73. — Le Marchand d'habits.

Les Français peints par eux-mêmes, ouvrage de Curmer.

Signé à gauche.

H. 0m,24. L. 0m,16 1/2.

MEISSONIER

74. — Officier de hussards.

Signé à droite.

H. 0m,10 1/2. L. 0m,7 1/2.

7.435 F

MEISSONIER

75 - **Le Mousquetaire.**

Signe à droite, daté 1867.

H. 0^m,23. L. 0^m,15.

PARIS. — J. CLAYE, IMPRIMEUR, 7, RUE SAINT-BENOIT. — [656]

www.ingramcontent.com/pod-product-compliance
Ingram Content Group UK Ltd.
Pitfield, Milton Keynes, MK11 3LW, UK
UKHW020343180726
13839UKWH00002B/894